SOUVENIRS

DE

FAMILLE

POUR LES ENFANTS

PETITS-ENFANTS ET ARRIÈRE-PETITS-ENFANTS

DE

Mme A. RENAUD

Née Suzanve-Zéphirine ALLARD

(1815 à 1901)

ROUEN

IMPRIMERIE LÉON GY

—

1902

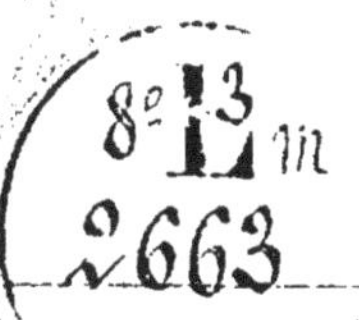

SOUVENIRS DE FAMILLE

Mme RENAUD

SOUVENIRS

DE

FAMILLE

POUR LES ENFANTS

PETITS - ENFANTS ET ARRIÈRE - PETITS - ENFANTS

DE

Mme A. RENAUD

Née Suzanve-Zéphirine ALLARD

(1815 à 1901)

ROUEN

IMPRIMERIE LÉON GY

1902

SOUVENIRS DE FAMILLE

N plaçant, en tête de cette notice, la chère image d'un chef de famille pour lequel, ses enfants, petits-enfants et arrière-petits-enfants, avaient une affectueuse vénération, on voudrait pouvoir analyser tout ce qui faisait l'attrait de cette douce, fine et belle nature morale, reflétée dans sa précieuse physionomie.

Il y avait en Mme Renaud, peut-être plutôt un ensemble de qualités, que des signes absolument distinctifs : ses facultés premières, notables sans doute, s'étaient développées au contact de circonstances diverses, mettant en relief les ressources et le charme d'un esprit qu'elle savait cultiver. En même temps un travail naturel d'épanouissement se produisait, comme à son insu, donnant à cette belle et longue existence un couronnement, sinon même une auréole, à une âme dont la simplicité faisait une élite.

Cette progression, dont il est plus aisé de constater les résultats que de mesurer les efforts, on en verra les témoignages dans l'ensemble des notes transcrites par Mme Renaud comme fruit de lectures toujours goûtées par elle, soit dans les textes sacrés, soit dans n'importe quelles pages noblement inspirées. Mme Renaud avait à un haut degré le sentiment du beau. En religion, en histoire, en littérature, elle le saisissait partout avec empressement et rectitude. D'instinct elle répudiait logiquement tous livres ou illustrations pouvant provoquer des défaillances morales; indulgente sur d'autres points elle ne transigeait pas avec le danger des contacts mauvais ou même douteux : c'est une leçon à ne pas perdre de vue.

Mme Renaud, profondément religieuse, n'avait rien de mystique, ni même peut-être de méditatif. Son esprit largement ouvert, son cœur toujours en éveil pour n'importe quelle joie ou quelle douleur ressentie par les siens, confiait à Dieu dans la prière ses multiples sollicitudes. Elle laissait ignorer, à n'importe quel moment où on l'abordait, qu'une sorte de correspondance permanente avec Dieu animait pieusement tous ses élans.

En lisant les extraits de ses lectures variées, copiés au moment même où son esprit avait été frappé, il viendrait à la pensée un rapprochement avec l'abeille industrieuse qui recueille çà et là le suc des fleurs dans de purs calices pour en constituer une précieuse réserve.

Achevant cette pensée, il semble logique d'appeler toute sa chère famille à vivre quelque peu de ce butin qu'on trouvera transcrit à la suite de cette notice. Il y a là, en même temps qu'une ressource, un enseignement sur le fruit à tirer des lectures sérieuses.

En dehors de l'étude de ce perfectionnement de la vie de l'âme chez Mme Renaud, et comme intérêt primordial, il a paru logique de rechercher dans les phases diverses de son existence tout ce qui pourrait bien faire connaître les prémices et le développement de qualités qui se présenteront ainsi comme une leçon expérimentale et un modèle possible à suivre.

Dans toutes les œuvres qui nous frappent par leur ensemble harmonieux, il y a eu l'action du temps, celle des circonstances et inspirations, mais aussi et surtout le labeur persévérant; en observant dans la vie de Mme Renaud ces diverses conditions successives on comprendra la formation du cher modèle que nous devons chercher à suivre avec courage et persévérance.

8

Tel est le but de la petite biographie retracée ci-après : Elle fera aussi connaître à ses petits-enfants la belle figure de leur grand-père, M. Auguste Renaud, dont les qualités d'intelligence et de cœur ont trouvé une si large place à côté de sa bien-aimée compagne.

Suzanne-Zéphirine ALLARD, qui devint par son mariage Mme Auguste Renaud, est née à Rouen, le 15 novembre 1815, du mariage de M. Jacques-Charles Allard avec Mlle Catherine-Zéphirine Le Picard, contracté le 30 frimaire an XIV. M. Allard demeurait alors rue du Fardeau, n° 19. Les parents de Mlle Le Picard, même rue, n° 21, en face la maison de commerce située au n° 34.

Le père de M. Allard se nommait Jacques; sa mère, Elisabeth Gillet; ils demeuraient rue Morand, n° 5. Un des petits-fils de ceux-ci fut M. Jules Allard, notaire, cousin germain de Mme Renaud. Du côté maternel, Mlle Le Picard était fille de Jacques-Guillaume Le Picard et de Mlle Bordier; elle avait pour frères et sœurs MM. Alphonse et Th. Le Picard et Mmes de la Rousserie, et Douesnel, née Le Picard.

On retrouvera plus tard les rapports intimes de Suzanne-Zéphirine avec ses oncles et tantes.

M. Jacques-Charles Allard, son père, avait épousé, dans un premier mariage, une demoiselle Desjardins, dont il avait eu un fils et deux filles qui furent les frère et sœurs de sa fille issue de son union avec Mlle Le Picard : il y eut toujours intimité complète entre les uns et les autres, quoiqu'avec une différence d'âge marquée.

M. Jacques-Charles Allard se fixa en se mariant rue *du Petit-Bouvreuil*, qui a disparu lors de la construction du Musée.

C'est là où naquit notre chère héroïne.

Par la suite M. Allard résida à Paris, rue des Fossés-du-Temple, n° 77. Cela résulte de l'acte de décès de Mme Jacques Allard, née Le Picard, et daté du 30 novembre 1825. L'inhumation se fit au Cimetière de l'Est ou Père-Lachaise, où la tombe est restée respectée par les soins de sa fille (24e division, 1re ligne.) L'inscription *Amabilitate virtutum que optima* serait bien la devise de sa fille.

Le douloureux événement était très présent à la mémoire de celle-ci, alors âgée de dix ans; son père quitta Paris pour aller habiter Bayeux avec trois de ses filles, dont la dernière, Noémi, âgée de cinq ans, est morte en 1828. L'aînée avait épousé M. Coste et habitait la Seine-et-Marne; son fils finissait ses études de droit à Paris.

Suzanne-Zéphirine Allard retrouvait dans cette ville *sa marraine,* Mme Douesnel, née Le Picard, sœur de sa mère. Elle lui fut confiée. Les soins et les sollicitudes ne lui ont certes pas fait défaut, mais on devine tout ce qui manquait à la chère orpheline, par la perte de sa mère, cette grande et première épreuve de sa vie.

Elle fit sa première communion en l'église Saint-Patrice de Bayeux en 1827. Ce grand souvenir était souvent rappelé par elle. Les détails manquent sur son éducation, mais on peut apprécier qu'elle fût suffisamment soignée. Suzanne-Zephirine Allard avait un grand attrait déjà pour les lectures sérieuses d'histoire et de littérature.

Sa tante Douesnel habitait en été, et plus tard toute l'année, la propriété de Sommervieux, près Bayeux.

C'était un rendez-vous très goûté pour ses neveux et nièces venant de Rouen, et les réunions pendant les vacances ont laissé longtemps aux cousins Le Picard et de La Rousserie un véritable charme. Mme Renaud n'appréciait pas moins la grande bonté de M. Douesnel, avec lequel l'intimité s'est prolongée après la mort de Mme Douesnel. Il est resté jusqu'à sa mort le parent le plus sympathique à toute la famille de celle-ci. C'était un type de bonté. Doué d'une belle physionomie, il aimait à raconter que, visitant un musée de Paris, il avait été abordé par un peintre lui demandant de poser dans un tableau représentant le combat des Horaces et des Curiaces. S'il avait dans ses entretiens la finesse malicieuse attribuée aux habitants de la Basse-Normandie, sa loyale sincérité se dégageait de toute autre compromission, Mme Renaud l'estimait comme un second père. Il n'est que juste de rappeler ici que le fils de M. Douesnel, nommé Alexandre, issu d'un premier mariage, fut également dévoué envers Suzanne-Zéphirine Allard comme envers toute la famille de sa belle-mère. Les Le Picard de Saint-Paul ont tous motifs de garder de lui souvenirs reconnaissants.

Suzanne-Zephirine Allard venait à Rouen de temps à autre chez ses oncles et tantes Le Picard qui s'intéressaient à leur nièce orpheline. C'est dans ce milieu que durent avoir lieu, en 1887, les préliminaires du mariage avec M. Louis-Auguste Renaud, ingénieur des ponts et chaussées, en résidence à Dieppe.

L'idée peut-être en appartint-elle à Mme Le Bourgeois, née Allard, qui habitait cette ville et avait pu apprécier M. Renaud Celui-ci avait alors trente-quatre ans; il jouissait dans l'administration d'une très réelle estime : ayant débuté ingénieur en Bretagne, il vint ensuite au Havre où il fit exécuter les travaux du bassin Vauban à la suite desquels il reçut la décoration de la Légion d'honneur. Ses parents étaient Lorrains, propriétaires cultivant leurs terres à Villers-sous-Preny, près Pont-à-Mousson.

Né en 1803, à Dieulouard, M. Louis-Auguste Renaud avait fait ses premières études à Pont-à-Mousson. Appliqué d'une manière particulière au travail, il se prépara de lui-même à l'École polytechnique; il en sortit vers 1824 dans le rang voulu pour entrer dans les ponts et chaussées comme ingénieur, débutant en Bretagne, avant d'aller au Havre et à Dieppe.

Il est juste de rendre hommage ici à ses efforts de travail personnel en constatant qu'à cette époque c'était marquant de voir un ingénieur sortir d'un milieu bien honorable, mais modeste, par une pareille initiative. Le frère aîné de M. Renaud avait fait des études de droit. Sa sœur, Mme Thiébaut, dont on parlera plus tard, était un esprit très cultivé et plein de charme. Mme Zéphirine Renaud trouva là un milieu familial excellent dont elle a fait apprécier à ses enfants toute la valeur.

Le mariage de Mlle Allard avec M. Renaud se prépara le 8 mai à Bayeux, par la signature du contrat en la demeure de M. Jacques Allard, M. Frissard, ingénieur en chef au Havre, sous lequel M. Renaud restait encore placé à Dieppe, représentait les père et mère de celui-ci; c'était un témoignage d'estime bien marqué. Parmi les signatures relevées au contrat, on remarque celle de Mgr l'évêque de Bayeux.

Le mariage fut célébré le 11 mai, en l'église de Sommervieux, qui touchait à l'habitation de M. et Mme Douesnel; il unissait deux belles natures morales, bien faites pour se comprendre et se compléter l'une par l'autre successivement.

Il paraît juste ici de dire quelques mots de

M. Allard père pour indiquer que sa fille étant confiée à sa belle-sœur, Mme Douesnel, il n'en subsistait pas moins une très affectueuse intimité entre le père et la fille. Une correspondance ultérieure très fréquente, conservée par Mme Renaud, permet de mesurer la sollicitude constante de M. Allard, en même temps qu'elle révèle la forme pleine de charme et d'intérêt de cette rédaction.

M. et Mme Renaud habitèrent Dieppe du mois de mai 1837 à novembre 1838. Le 30 août de cette seconde année Mme Renaud mettait au monde une fille qui fut baptisée et nommée Catherine-*Aglaé* par son grand-père Jacques Allard et sa tante *Aglaé* Douesnel.

Il y avait concordance précisément avec la naissance du comte de Paris, petit-fils du roi Louis-Philippe, fêtée par 25 coups de canon. M. Renaud, étant appelé par son service d'ingénieur près du roi, en résidence au château d'Eu, ce rapprochement fut connu de la reine et de ses filles qui recevaient M. Renaud dans l'intimité, en sorte qu'on s'informait de la *petite Aglaé* comme d'un personnage.

M. Renaud constatait la simplicité de vie de la famille royale; il voyait la reine et ses filles le soir autour de la table de travail, remaillant des bas, cela étonnera à plus d'un titre, mais il y a soixante ans, cet ouvrage d'aiguille faisait partie de l'éducation pratique.

En novembre 1838, M. Renaud était appelé au

Havre au poste d'ingénieur en chef pour succéder à M. Frissard.

L'habitation des ingénieurs était située sur la jetée sud du port, sorte de presqu'île ne communiquant avec la ville qu'au moyen d'un très long détour et de ponts tournants.

L'usage était de traverser l'entrée du port dans un canot, que la mer fût ou non au calme. On descendait par un étroit escalier taillé dans le granit, sans rampes, et sur les marches duquel les vagues déferlaient; il était sans doute de tradition que la femme d'un ingénieur devait avoir le pied marin et la résolution accessoire. On ne se figure pas absolument ces prédispositions chez Mme Renaud, mais la volonté et le devoir l'ont cependant fait accepter pendant son long séjour cette conséquence de la résidence; à d'autres égards, d'ailleurs, les impressions maritimes ne manquaient pas. La jetée, assise sur un promontoire de galets appelé *le Poullier*, donnait lieu alors à de fréquents naufrages. L'Ingénieur et Mme Renaud participaient aux émotions des sauvetages.

Si on se figure avec cela la maison d'habitation battue par le vent, sans abri, on peut penser que la nature frêle et délicate de Mme Renaud subissait les contrecoups de cette situation.

Son père, M. Allard, qui avait habité Rouen temporairement, rue *Malatiré*, n° 14, après le mariage de Mme Renaud, vint en 1840 se fixer près de sa fille et de son gendre, qu'il ne quitta plus jusqu'à sa mort. Il trouvait dans cet intérieur une seconde petite fille nommée Suzanne, née le 25 octobre 1839 et l'attente d'un petit-fils, qui vint au monde le 2 décembre 1840 et fut nommé Georges.

La correspondance de 1837 à 1840, conservée par Mme Renaud, dénote un esprit cultivé et un naturel plein de bonté. On y voit l'intérêt pris à sa petite fille première née. Les lettres sont pleines de détails sur les familles Le Picard, de Rouen, qui avaient des relations de parenté et d'intimité avec le Havre; elles contiennent même des conseils paternels charmants et exprimés dans un style caractérisé. On apprécie ainsi M. Allard avec plus de justesse qu'au souvenir du bon papa de quatre-vingt-quatorze ans, datant du xviiie siècle.

M. Allard avait fait ses études à Rouen avec un jeune homme d'Hacqueville, près les Andelys, nommé Isambert Brunel. Il y eut une intimité très grande entre les deux *camarades*. D'après une correspondance retrouvée dans les papiers de M. Allard, Isambert Brunel était, à la sortie de ses études, entré dans la marine royale sous la protection du maréchal de Castries; revenu en France en 1792, et ardent royaliste, il ne dut son salut, lors de la Révolution, qu'en émigrant en Amérique à la suite de scènes se passant aux Andelys.

Il se distingua dans le Nouveau Monde comme

ingénieur de constructions maritimes et par des in-
ventions et applications scientifiques des plus remar-
quables; se fixant ensuite en Angleterre, il y pour-
suivit cette mission. C'est dans cet ordre d'idées qu'il
aborda, en 1824, l'étude et la construction d'un *Tun-
nel sous la Tamise*, qui fut l'œuvre célèbre de celui qui
se qualifiait toujours du *camarade* de l'ami Allard,
dans la correspondance. On y voit toutes les difficultés avec lesquelles M. Isambert Brunel eut à
compter. Les ingénieurs, à cette époque, ne dispo-
saient ni des matériaux, ni des moyens employés de
nos jours, encore moins des capitaux pour des entre-
prises particulières. Celle-ci n'en fut pas moins menée
à bon terme, à la gloire de l'ingénieur français, véritable fils de ses œuvres.

Il tenait M. Allard au courant de son succès comme
de ses difficultés, racontant la visite du prince Albert,
comme celle du roi de Prusse. Ce dernier s'arrêtait
devant l'œuvre exclamant : *Que c'est beau!* et prenant
la main de M. Brunel, lequel répondait : *que Sa
Majesté avait 36 pieds d'eau sur la tête, avec les bâtiments
en mouvement continu*. Le 1er avril 1843, l'ouverture
officielle était réalisée et les applaudissements et les
hourrah suivaient partout l'ingénieur qui, tout heureux de ce succès, écrivait comme satisfaction particulière que, pendant ces travaux longs et difficiles,
sept hommes seulement avaient trouvé la mort!

Dans d'autres lettres, les souvenirs intimes et les

menus détails de la vie de ménage et de famille y trouvaient place, tels des remerciments particuliers pour un envoi de haricots de Soissons envoyés par le *camarade* ALLARD et fort appréciés.

Evidemment cette diversion un peu longue sur l'ami du cher bon papa Allard s'écarte du sujet d'études sur la vie de sa fille bien-aimée, mais on peut penser que, pour celle-ci, comme pour l'ingénieur Renaud, la correspondance de M. Brunel était un complément de l'attention portée en France sur une œuvre capitale réalisée par un compatriote, sorte de prélude au percement de l'isthme de Suez auquel nous verrons M. Renaud si spécialement mêlé dans la suite de cette notice.

En 1840, M. Renaud eut le chagrin de perdre successivement ses père et mère. Mme Renaud, très attachée à toute la parenté de ce côté, a noté ces deux malheurs auxquels elle prit bien part.

Les dix années qui suivirent sont exemptes de faits notables.

Le rôle de la mère de famille et de la maîtresse de maison y tint la grande place. On peut, à ce second point de vue, signaler les habitudes de comptes de ménage très précises pratiquées jusqu'aux derniers temps de son existence par Mme Renaud.

Sa santé devint plus délicate des suites d'une rougeole. Sa vue s'en est toujours ressentie.

M. Renaud, de son côté, eut à compter avec des

névralgies très pénibles au milieu de ses travaux de bureau. Il préparait alors la création du bassin de la Floride, donnant dans l'avant-port, pour recevoir, au Havre, les premiers *vapeurs transatlantiques* de la ligne d'Amérique. L'écluse fermant l'entrée de ce bassin avait des proportions inusitées et qui ne sont guère dépassées, malgré la progression du tonnage des navires, parce qu'il fallait à cette époque laisser passer les grands tambours des roues motrices à aubes.

C'est dans cette période aussi que M. Renaud était chargé d'étudier une nouvelle entrée pour le port du Havre, remédiant aux dangers des abords anciens; ses conclusions personnelles étaient pour fixer cette entrée vers le point où elle s'exécute actuellement, cinquante ans plus tard !

Mme Renaud préoccupée, en 1850, de la préparation de ses filles Aglaé et Suzanne pour leur première communion, trouvant des difficultés à suivre cette préparation au Havre, à cause de sa résidence sur la jetée et de sa santé délicate, se décida à les placer à Rouen, au couvent dit : *des Dames Blanches*, route de Darnétal. Elle savait, d'ailleurs, les ressources de famille qu'elle rencontrerait chez les oncle et tante Le Picard. La présence aussi d'une nièce ALLARD placée dans les mêmes conditions au pensionnat de Mlle Morin, s'ajoutait à cette résolution. C'était, certes, un grand sacrifice pour les sollicitudes maternelles de

Mme Renaud, elle chercha à y obvier par une correspondance bien suivie.

On peut supposer d'ailleurs une pensée prévoyante à cette résolution. M. Renaud restait éprouvé et fatigué au point d'envisager la nécessité d'un congé, l'enlevant à ses travaux.

Dès le début de 1851, cette résolution s'imposa, les médecins et ses collègues ingénieurs le déterminèrent à une absence prolongée qui put être en même temps une diversion intéressante.

Mme Renaud, toute frêle et délicate qu'elle fût, n'hésita pas à suivre l'ingénieur qui avait autant besoin d'un affectueux appui que d'un déplacement. Le programme arrêté comportait un voyage de quatre mois partagé entre l'Italie et la Suisse. C'est le 6 mars 1851 que M. et Mme Renaud se mirent en route au Havre, passant par Rouen faire à leurs filles et à la famille des adieux dont on peut deviner les émotions. Leur fils Georges avait été mis au collège du Havre.

Des notes, précises et complètes, indiquent pour ce voyage toutes les étapes parcourues; en France d'abord, à Dijon, Châlons, Lyon, Avignon, Arles, Nimes, Beaucaire et Marseille, ces notes visent tout à la fois l'histoire et l'architecture, elles se développeront de plus en plus à ces points de vue en Italie avec les souvenirs sacrés et les trésors artistiques.

L'embarquement se fit à Marseille le 18 mars et l'arrivée à Rome le 22. Les cahiers de notes sont si précis qu'on pourrait y voir une sorte d'édition préparatoire des guides en usage aujourd'hui. M. Renaud avait des notions historiques premières. Les dictionnaires géographiques à son usage abondent en signes d'études. Mme Renaud conservait de ses lectures antérieures des souvenirs qui se ravivaient en face de tout ce que visitaient les chers voyageurs; toutes les notes sont écrites de sa main.

On ne prendra ici que les impressions les plus spéciales.

C'est le 25 mars, fête de l'Annonciation, que M. et Mme Renaud se trouvèrent à la chapelle Sixtine, en présence de Sa Sainteté Pie IX. Le 27, ils visitèrent la prison Mamertine où les signes de la captivité de saint Pierre sont si marqués.

Le 28, ils retrouvèrent le Saint Père dans le vaste édifice de Saint-Pierre.

Le 6 avril M. et Mme Renaud assistèrent, sur l'immense place, à la bénédiction papale. Les troupes françaises, venues pour protéger antérieurement le Saint-Siège, étaient là rangées en bataille. Mme Renaud conservait de cette grandiose manifestation le plus émotionnant souvenir.

Elle ne pouvait admettre le pape prisonnier maintenant au Vatican.

Le 10 avril, les chers voyageurs étaient témoins de la réception au cardinalat de Mgr Grousset, archevêque de Reims et de Mgr Fornari, nonce du Saint-Siège à Paris.

Le même jour, Pie IX daignait recevoir nos chers parents en audience privée, s'informant du motif de leur voyage, parlant de l'armée française, de sa belle et bonne conduite et de la satisfaction qu'il éprouvait de sa présence.

Après une digression sur Rome et les grands souvenirs religieux que renferme le siège de la Catholicité, le Saint Père parla à ses visiteurs de Mgr le prince de Croy, cardinal archevêque de Rouen, prédécesseur du titulaire qui était, à cette époque, Mgr Blanquart de Bailleul, de belle et sainte mémoire. Le Pape s'informa, avec une extrême bienveillance, de la famille de ses visiteurs.

Ces grands souvenirs étaient rappelés par Mme Renaud comme ayant également émotionné M. Renaud, par le regard doux et la parole toute de bonté du Saint Père.

Les notes dont sont extraits ces faits marquants, se continuent sur tous les monuments et musées visités jusqu'au départ pour Naples, effectué en voiturin, mode de voyage tout autre que ceux actuels. M. et Mme Renaud s'arrêtèrent à Naples pour visiter cette ville et les environs jusqu'au 3 mai, regagnant Civita-Vecchia pour revenir sur la France par Livourne, Sienne, Florence, d'où ils regagnèrent, par les Alpes, la ville de Gap.

Ils retrouvèrent, dans cette ville, M. et Mme de Rothiacob, née Le Picard, cousine germaine et amie particulière de Mme Renaud. M. de Rothiacob était alors directeur des Contributions à cette extrémité de la France.

Cette station fut réciproquement un grand bonheur pour les voyageurs et leurs hôtes; il n'y a pas d'impressions de voyage qui dépassent la douceur d'une réunion de famille après les longues absences.

M. et Mme Renaud, poursuivant l'exécution du régime d'explorations, durent quitter Gap vers le 22 mai.

Les notes sur le parcours en Suisse sont, pour la première fois, datées de Genève le 25. Dans cette seconde partie du voyage, c'est un spectacle plus reposant qui va s'offrir aux excursionnistes. Les grandes cimes montagneuses, les vastes horizons, les intéresseront avec les quelques villes semées çà et là sur leur parcours.

Il y a un demi-siècle, aucuns des moyens de locomotion actuels n'était à portée; il fallait voyager, en diligence ou berline, pour traverser les vallées ou les cols, gravir les hauts sommets à pied ou à dos de mulet. L'observation des distances et sites parcourus se faisait assurément avec plus de fruit et de précision, mais on peut présumer que pour la nature frêle de Mme Renaud, ce voyage accidenté donna lieu à plus d'un effort physique et moral.

Sauf sur les villes de Suisse, les notes sont peu explicites, mais un herbier, de petites plantes cueillies dans les montagnes et soigneusement étiquetées, témoigne d'un même esprit d'observation s'appliquant sous une forme différente pendant ce parcours.

La mission que remplissait Mme Renaud près du cher ingénieur, pour faire diversion à ses fatigues de tête, ne laissait pas moins la bonne mère de famille très soucieuse d'être éloignée de ses chères filles à l'époque où elles se préparaient à leur première communion.

Sa correspondance, remplie de pieux conseils, témoigne de ces sollicitudes.

Le terme du voyage approchait mais ne permettait l'arrivée à Rouen qu'à la veille de ce grand jour.

C'est le 9 juillet qu'à la joie commune des jeunes filles et de leurs parents, la célébration consacra la réunion de la famille, y compris le cher collégien du Havre.

La rentrée sur la jetée du sud suivit de près — c'est à dessein qu'on indique ici la reprise de ce domicile — mais les inconvénients antérieurs durent s'en faire sentir à nouveau sur les santés délicates, car, en 1853, année de la première communion de leur fils Georges, M. et Mme Renaud vinrent chercher dans le faubourg d'Ingouville, alors très séparé de la ville par ses fortifications, une demeure plus abritée et plus retirée, leur assurant le calme nécessaire. Ils se fixèrent rue

des Gobelins, n° 50, dans une maisonnette avec jar-
din. En 1854, par des motifs de même nature, ils
passèrent l'été à Montivilliers, la santé de Mme Renaud
restant très ébranlée.

Au mois de septembre 1854, M. Renaud apprenait
sa nomination d'inspecteur général des Ponts et
Chaussées. D'après les lettres de félicitations, cet
avancement était amplement mérité et attendu par
ses collègues. Il avait alors cinquante-deux ans, et,
récompensé antérieurement par la rosette d'officier de
la Légion d'honneur.

Sa nouvelle fonction l'appelait à résider à Paris et
à siéger au Conseil des Ponts et Chaussées avec un
service d'inspection régionale qu'on espérait être
moins éprouvant pour sa santé que le travail d'ingénieur en chef.

Ici va se placer également, tout à l'honneur de
M. Renaud, un événement important dont toute sa
famille a des motifs de connaître les détails et de conserver le souvenir.

Il s'agit de la participation de M. Renaud dans le
projet et les études du percement du canal de Suez.
On analyse ici ce fait comme une vraie page d'histoire.

M. Ferdinand de Lesseps qui, au titre de consul de
France en Egypte, de 1831 à 1838, avait connu le
fils de Mehémet-Ali, vice-roi d'Égypte à cette époque,

était appelé, en 1854, par le nouveau souverain en vertu des souvenirs antérieurs.

Après un voyage avec Mohamed-Saïd dans le désert, l'idée première du percement d'un canal reliant la mer Méditerranée à la mer Rouge et l'océan Pacifique, avait surgi entre les deux personnages explorateurs avec une grande séduction. Un mémoire sur ce projet fut remis le 15 novembre, par M. de Lesseps, au nouveau vice-roi Mohamed-Saïd. Il rappelait l'histoire ancienne des canaux qui avaient tendu à une base identique, sous les Pharaons, Alexandre et les Ptolémés. Le 30 novembre, le souverain, dont l'intelligence était remarquable, acceptait avec enthousiasme l'idée de voir son règne réaliser une telle œuvre et il accordait à M. de Lesseps la mission de l'accomplir. L'acte de concession lui était remis solennellement en présence des consuls généraux de toutes les nations, par le souverain, dans la citadelle du Caire.

M. de Lesseps avait, d'après cet acte, la mission de constituer une Compagnie sous le nom de *Compagnie universelle du Canal maritime de Suez*, pour *le percement de l'isthme et l'exploitation d'un passage propre à la grande navigation.*

15 o/o du produit revenant au Gouvernement égyptien.

75 o/o au profit de la Compagnie.

10 o/o au profit des membres fondateurs.

Les travaux devant être terminés dans un délai de six années.

Un avant-projet fut dressé par les ingénieurs du vice-roi, MM. LINANT BEY et MOUZEL BEY, tous deux Français, à son service. M. de Lesseps indiquait, dans un mémoire au Vice-Roi, qu'aussitôt ce projet imprimé, il serait procédé à la nomination d'une Commission d'ingénieurs connus par leurs travaux hydrauliques et choisis en Angleterre, en France, en Allemagne et Hollande, etc., Commission qui donnerait son opinion, tous moyens étant mis à sa disposition pour visiter l'isthme, M. de Lesseps ajoutant qu'après : l'adoption du tracé, et lorsque tous les avantages et obligations de ceux qui prendront part à l'entreprise seraient fixés. Les capitalistes et le public seront appelés à souscrire le capital.

Partant de ces résolutions, M. de Lesseps voulant former ce qui est qualifié de *tribunal scientifique*, s'adressa, est-il dit dans l'exposé de ce projet, à ce qu'il y avait de *plus expérimenté et de plus illustre en Europe*.

En Autriche, le Gouvernement indiqua M. DE NEGRELLI; en Hollande, M. CONRAD, inspecteur; en Angleterre, M. MAC-CLEAN; la France donna M. RENAUD, inspecteur général et membre du Conseil des Ponts et Chaussées et M. Liaussou, ingénieur hydraulique de première classe.

La première réunion eut lieu à Paris le 31 octobre 1855, elle comprenait MM. Linant-Bey, Mougel-Bey avec MM. de Lesseps et Barthélemy-Saint-Hilaire, membre de l'Institut de France. Il fut résolu que la Commission partirait pour l'Égypte le 8 novembre.

On peut mesurer, par les lignes qui précèdent, empruntées à une brochure semi-officielle, dans quelles conditions honorables se présentait, pour M. Renaud, la mission à remplir.

Ce n'était pas sans souci et sans émotion que Mme Renaud le voyait entreprendre un tel voyage. La lettre qu'elle reçut, datée de Marseille du 7 novembre, avant l'embarquement sur le vapeur l'*Osiris*, se terminait ainsi : *Je pars avec la confiance que Dieu me ramènera sain et sauf parmi vous !*

Une correspondance suivie, conservée par Mme Renaud, relate jour par jour les impressions et phases de ce voyage.

Mme Renaud a inscrit les lignes ci-après sur ce précieux recueil.

« Ce voyage s'est effectué du début de novembre 1855 à la mi-janvier 1856, après la nomination de M. Renaud comme inspecteur général et son départ du Havre. Son fils Georges, alors âgé de quinze ans, transféré du collège du Havre au lycée Saint-Louis de Paris.

Mme Renaud a passé le temps de cette absence dans la famille de son oncle Th. Le Picard, à Saint-Paul, avec son père, M. Allard, et ses deux filles

Aglaé et Suzanne. Toutes deux ont été malades gravement. Leur père n'a connu cette maladie qu'à son retour. Mme Renaud a été soutenue et consolée par le dévouement de ses parents Le Picard, particulièrement par sa tante Mme Th. Le Picard. »

La Commission internationale débarqua à Alexandrie le 18. Le 23, elle était reçue près du Caire par le Vice-Roi, pour partir ensuite vers Suez. On laissera ici le côté officiel de la mission de M. Renaud, pour n'emprunter à ses lettres que les impressions sur les lieux parcourus, tels la visite des *Pyramides*. Les *cataractes du Nil*. Le voyage dans le *désert* avec une caravanne de 170 chameaux et 15 ânes, donnera une idée du cortège principal et accessoire.

M. Renaud restait en communication intime avec Mme Renaud; il mentionne dès le début, à côté des faits notables, ses lectures pieuses dans un petit volume joint à son bagage, il indique à ce propos être très frappé de l'exemple des Mahométans qui sont au service des voyageurs et qui, cinq fois par jour, se livrent avec recueillement à la prière. — *Quel exemple! ajoute-t-il!*

Un autre jour, c'est un témoignage de profonde sympathie exprimé du fond du désert, à l'adresse des cousins Eugène et Paul Le Picard, sur leur détermination d'abandonner leur industrie à Saint-Paul à cause d'une crise dont M. Renaud avait connu les prémices en s'y intéressant d'une manière qui n'a pas été oubliée par toute la famille.

Une lettre, datée du 23 décembre, indique la présence des voyageurs dans la vallée de Gessen, au lieu même où habita Jacob et sa descendance, près de là aussi où campa Moïse pour le passage de la mer Rouge, qui alors s'étendait jusqu'à Timsha, ainsi que l'établissent des documents irrécusables.

Quels souvenirs ! exclame M. Renaud, en ajoutant : qu'on peut ainsi suivre, la Bible à la main, la marche des Hébreux depuis leur point de départ jusqu'au mont Sinaï en retrouvant tous les endroits indiqués au chapitre XV de l'Exode; on reconnait les mêmes noms, seulement ils sont exprimés en arabe.

Les campements successifs de la Commission amenèrent aussi M. Renaud à signaler des plantations de tamaris dans la vallée de Gessen, arbustes semblables à peu près à ceux connus en France, mais qui produisent la *manne de pharmacie*, dont l'aspect rappelle absolument les gouttes de rosée, ce qui permet de conclure, dit M. Renaud, que la manne du désert trouvée et recueillie par les Égyptiens avait là sa source.

Sans s'étendre dans ses lettres intimes sur le sujet technique de sa mission, M. Renaud constate, dans l'une d'elles, les facilités soudainement entrevues sur un point spécial.

La Commission terminait son exploration à Peluse, où elle s'embarquait le 31 décembre à bord de la frégate égyptienne *Le Nil* qui croisait pour les sondages, abordant le 2 janvier à Alexandrie, où elle apportait la bonne nouvelle de son succès.

Ce succès était immense en effet, ainsi que l'indique la publication dont on suit les données. M. de Lesseps remettait au Vice-Roi le rapport sommaire dans lequel la Commission déclarait « à la face du monde » que le canal direct de Suez à Peluse est l'unique solution du problème de joindre la mer Rouge à la Méditerranée, que l'exécution du canal maritime « est facile et le succès assuré ». Elle estimait la dépense à 200 millions de francs.

M. de Lesseps, avant de se séparer des membres de la Commission, avait offert aux ingénieurs une large rémunération pour leurs études et déplacement.

Il s'était ouvert à eux de l'intention de les intéresser au succès de l'exploitation par le trafic du transit à même la part de profits de 10 o/o réservée aux fondateurs dans l'acte de concession.

M. de Lesseps avait une foi inébranlable dans ce succès commercial, comme dans l'exécution de l'œuvre dont il avait revendiqué l'honneur au nom de son pays.

Les entraves politiques, techniques et financières qu'il rencontra plus tard ont toutes été franchies, grâce à une habileté et une ténacité qui lui firent bien mériter le titre de *Grand Français*, mais, à l'heure où il faisait entrevoir aux ingénieurs une perspective avantageuse, bien peu crurent à la réalisation qui s'est depuis accentuée.

Cependant M. Renaud terminait sa correspondance sur une espérance « que la fortune lui sourirait à l'heure où il devrait se reposer de sa laborieuse carrière et qu'il y aurait là, pour lui et les siens, une aide des moyens d'existence. »

Bien malheureusement la perspective ne se réalisa pas assez vite pour donner à M. Renaud la confirmation de cette espérance.

Le début des travaux se trouva retardé par l'opposition de l'Angleterre, agissant à Constantinople sur le sultan dont dépendait le vice-roi d'Égypte. Ce n'est guère qu'en 1860 que l'organisation de la Compagnie universelle permit d'attaquer grandement le travail, et c'est en 1876, dix ans après la mort de M. Renaud, que les profits du trafic maritime permirent une allocation première aux fondateurs.

M. Renaud avait été inscrit pour cinq parts sur l'émission primitive divisant par 100 les 10 o/o inscrits dans l'acte du 5 janvier 1856.

En 1859, la Compagnie divisa ces parts à nouveau. M. Renaud fut inscrit pour 50, multiple de 5, puis en 1880, nouvelle division par dixièmes, ce qui eût porté la possession totale développée jusqu'à 500, si toutes avaient pu être conservées dans la famille.

Chacune des parts touche maintenant **2** francs par million total de bénéfices de la Compagnie.

D'après les derniers inventaires, la répartition donne environ 50 francs par part sur 50 millions de bénéfices *accusés*. Ces détails ont paru, quoiqu'étant assez à côté du sujet de cette brochure, devoir être consignés ici pour permettre aux enfants et petits-enfants de M. Renaud de mesurer le fruit recueilli par eux de la participation de leur grand-père à la grande entreprise du canal.

Pour compléter ce chapitre et pour mesurer l'importance de l'œuvre de M. de Lesseps et ses résultats, on ajoutera que, d'après le dernier inventaire général, la Compagnie a dépensé pour les travaux, depuis l'origine jusqu'en 1900, 586,000,000, fournis par le capital actions et obligations.

Qu'en 1900 le canal a été traversé par 3,441 navires, dont le tonnage était de 9,738,152 tonnes, et que ces navires portaient 282,511 passagers.

L'œuvre grandiose peut être ainsi mesurée depuis le point de départ, en 1856, son commencement d'exécution, en 1860, et son fonctionnement actuel.

Nous retournerons maintenant en arrière pour voir M. Renaud s'embarquer au retour, à Alexandrie, avec les ingénieurs nommés au début de ce chapitre, les uns débarquant à Trieste, Venise, Milan, et M. Renaud arrivant à Marseille le 24 janvier. Il apprit là la maladie de ses chères filles et gagna Rouen, heureusement surpris, après ce premier trouble, de les trouver à Saint-Paul en bonne voie de convalescence.

Peu de jours après, M. Renaud prenait son service à Paris.

Mme Renaud ne put l'y rejoindre qu'en avril, le logement choisi, rue de l'Université, n'étant libre que pour cette époque.

En octobre 1856 se célébrait le mariage de M. Eugène Le Picard, cousin germain de Mme Renaud, avec Mlle Salles, fille du général et de Mme Salle, née GRANDEAU, cousine germaine de M. Renaud; on mentionne cet événement parce que l'inspiration d'unir les deux familles vint de la part de M. Renaud.

Un mois après, Mme Renaud perdait son oncle, M. Th. Le Picard pour lequel elle avait une reconnaissante affection.

En 1858, Mme Renaud eut la grande satisfaction de voir son fils Georges entrer à l'Ecole polytechnique en bon rang, prémices de la carrière qu'il remplira, en digne fils de son père; elle en rappelait souvent le souvenir.

Le 5 février 1860 se célébrait, à Saint-Thomas-d'Aquin, le mariage de la seconde fille de M. et Mme Renaud, nommée Caroline-Suzanne, avec son cousin Jules Le Picard. Mme Renaud ne voyait pas sans émotion le départ d'une fille bien-aimée, mais elle avait le sentiment de voir ainsi se continuer l'union des familles.

Ce souvenir reconnaissant n'a pas été perdu.

En 1861, le 29 avril, M. Jacques Allard décédait dans sa quatre-vingt-quatorzième année. Mme Renaud n'avait cessé d'entourer son bon père de soins prévenants et M. Renaud d'égards particuliers.

Peu de mois après se présentaient pour Mme Renaud, deux événements bien émotionnants. Le 27 juin sa fille Suzanne mettait au monde une petite fille baptisée sous le nom de Marguerite, mais dès le 6 juillet, Dieu rappelait à lui la pauvre petite mère si aimée de tous.

On peut pressentir quel fut le brisement des cœurs en face de ce malheur. Nous n'avons ici qu'à indiquer la soumission avec laquelle Mme Renaud supporta ce grand chagrin, cherchant dans ses sollicitudes de grand-mère un dérivatif possible. M. Renaud, en tournée d'inspection dans le Midi, éprouva un surcroît de peine par son éloignement.

Ces grandes et multiples impressions contribuèrent à affaiblir les santés de M. et Mme Renaud. On les voit obligés, en 1863, à une installation d'été à Chantilly, et en 1864, à Bellevue. M. Renaud était en proie à de violentes douleurs de tête qui ne laissaient pas que d'inquiéter son entourage. On attribuait cette aggravation à une insolation contractée dans une tournée d'inspection en Corse.

C'est pendant ce séjour à Bellevue que M. Renaud, répondant à de précédentes sollicitudes de sa chère femme et de son entourage de famille, chercha dans la pratique de sa foi religieuse les forces morales et la quiétude intérieure. Il faut avoir connu cette belle et si bonne nature pour apprécier qu'il n'y avait là qu'un couronnement à l'esprit de droiture et de respect traditionnel. L'unité dans la pratique des devoirs religieux fut pour Mme Renaud et ses enfants une profonde satisfaction.

Cette même année 1864, son fils Georges sortit en beau rang de l'Ecole polytechnique et fut nommé ingénieur à Quimper et après à Fécamp. Ce fut certes pour son père une grande satisfaction au milieu de ses épreuves.

M. Renaud se décida courageusement à abandonner sa belle carrière et prit, dès le printemps de 1865, résidence à Fontainebleau, où il retrouvait des collègues et amis.

Les ressources de grandes promenades avec sa chère fille Aglaé n'étaient que relatives, en face de la continuation des vives souffrances. Mme Renaud et sa fille s'en inquiétaient, elles puisaient courage dans leur grande piété, demandant à Dieu de secourir le cher malade.

Le 27 septembre, M. Renaud, brisé par la souffrance, rendait sa belle âme à Dieu, soutenu dans son sacrifice par ses expérances chrétiennes !

Son fils, Georges Renaud, et son gendre Jules Le Picard ne purent arriver que tardivement pour soutenir Mme Renaud et sa fille en face d'un pareil malheur.

Comme on a pu l'observer dans le cours de cette étude, M. Renaud avait un ensemble de qualités supérieures. Le charme en était augmenté par un fonds particulier de modestie et de bonté.

Ce sont ces vertus qui laissent l'impression dominante sur les hommes, en même temps qu'elles leur préparent les récompenses de Dieu.

Il a paru bon de transcrire ici quelques témoignages à l'appui de cette double thèse.

M. Conrad, l'éminent ingénieur hollandais, qui avait fait avec M. Renaud l'exploration de Suez, écrivait :

« A peine que nous nous connaissions, que je me suis trouvé d'une bonne amitié pour M. Renaud, pouvant apprécier son caractère doux et bon, comme ses grandes connaissances. Il vit dans mes souvenirs, et j'espère que sa famille n'oubliera pas que j'ai été son ami. »

M. Revenaz, directeur général de la Compagnie des Messageries nationales, ancien camarade de l'Ecole polytechnique, « rappelait le souvenir des bonnes années passées avec celui qu'il aimait comme un frère, » ajoutant « qu'il n'avait plus qu'à prier pour cet excellent homme qui n'avait jamais fait que son devoir et du bien en ce monde. »

M. Tostain, inspecteur général, en mission en Autriche, témoignait « d'une amitié exercée pendant quarante-quatre années avec M. Renaud, qu'il estimait si affectueusement. »

M. Comoy, autre ami et collègue bien précieux de M. Renaud, avec MM. Bailloud et Romany, exprimèrent de vive voix leurs très réelles émotions.

Le comte de Becquet, qui avait connu M. Renaud comme sous-préfet du Havre, écrivait :

« Celui que nous pleurons tous était *si bon*, si *parfait*, si aimé de tous ! C'était une âme d'élite, un noble cœur qu'il est si doux et si *rare* de rencontrer dans la vie. »

Le corps de M. Renaud fut transporté et inhumé à Rouen au Cimetière-Monumental. Il y avait dans ce fait l'indice d'une résolution de M*** Renaud de revenir à Rouen, dans le milieu familial, trouver l'affectueux appui dont elle savait de longue date la ressource et aussi pour jouir du développement de sa petite-fille, Marguerite Le Picard. Elle se rapprochait par cela même de son fils Georges, ingénieur à Fécamp.

Elle s'installa, avec sa chère fille AGLAÉ, dans un appartement, rue Jeanne d'Arc, n° 88.

L'année suivante, le 29 avril 1867, son fils Georges

contractait un heureux mariage avec Mlle Legentil, fille d'un ingénieur dont la famille résidait à Rouen et y était fort estimée. Mme Renaud, au milieu de son chagrin, trouvait là un dérivatif et l'origine de satisfactions et de joies qui se sont succédées, trouvant dans son cœur de doux échos.

Peu de mois après, le 3 août, Mme Renaud acceptait généreusement la séparation d'avec sa fille Aglaé par le mariage de celle-ci avec son beau-frère, Jules Le Picard, pour prendre son rôle maternel vis-à-vis de leur chère petite Marguerite. La perspective du bonheur des autres lui fit envisager avec courage la solitude relative qui allait en résulter pour elle. Sa fille, son gendre et sa petite fille, espèrent avoir fait tout ce qui dépendait d'eux pour l'en récompenser affectueusement.

En 1869, Mme Renaud dut changer de logement pour s'installer au n° 20, même rue, en face le chevet de Saint-Vincent; elle trouvait là une facilité à ses pieuses traditions.

Il n'est pas hors de propos d'indiquer ici que Mme Renaud avait alors à son service une Bretonne, nommée Mathurine Dréano, qui lui était aussi dévouée que possible. Elle en fit l'épreuve, en 1870, lors de l'invasion de Rouen par l'armée allemande, étant contrainte à recevoir chez elle des soldats avec lesquels il fallait savoir prévoir et accepter de rudes difficultés.

On peut se figurer les vives impressions de patriotisme de Mme Renaud en face de la terrible guerre, comme de cette occupation ennemie en ville et dans son propre logis. Ses petits-enfants n'ont pu entendre que les échos de telles souffrances de ce que fut l'année terrible : 1870.

L'invasion de Rouen coïncidait, jour pour jour, avec la naissance de Louis Le Picard, le 1er décembre.

A l'hôtel du Bourgtheroulde, comme rue Jeanne-Darc, il fallait, quand même, recevoir garnison et même un colonel, avec la cour occupée par les fourgons d'ambulance.

On peut deviner à quel point ceci s'accordait peu avec la joie et les soucis d'une naissance ; il est loyal, cependant, de dire que les chefs, logés place de la Pucelle, y mirent certains égards.

Les sollicitudes de Mme Renaud ne se bornaient pas à ce qui se passait à portée de Rouen. Elle avait beaucoup pensé, dès le début de la guerre, à la famille de M. Renaud, occupant la frontière pour ainsi dire, à *Pagny* et aux environs.

C'est, ici, l'occasion de parler de Mme THIÉBAULT-RENAUD, sœur de M. Auguste Renaud, avec laquelle Mme Renaud, avant la guerre comme après, entretenait une très affectueuse correspondance, suppléant à des visites plus rares.

Mme Thiébault-Renaud, que les enfants de Mme Renaud ont connue et pu apprécier, avait, avec son cher frère, des rapprochements de bonté et de délicatesse ; on retrouvait chez elle cette sûreté de jugement et de droiture jointe à un esprit fin et très suffisamment cultivé. On serait tenté, du reste, en jugeant les divers membres de la famille de M. Renaud, de voir l'esprit lorrain plus assoupli que la généralité de l'esprit normand. Des rapports avec cette parenté paternelle nous conservons tous une excellente impression, suivant le vœu de Mme Renaud.

Mme Renaud était restée pendant près de six mois privée de rapports suffisants avec Mme Thiebault, il n'était pas prudent, alors, de confier à la poste des correspondances où les impressions de la guerre fussent transcrites.

C'est en 1871 seulement que Mme Renaud connut en détail les souffrances de sa belle-sœur. Celle-ci, pour compenser la privation de correspondre, avait rédigé, sous forme de feuillets destinés à Mme Renaud, ses impressions et souffrances quotidiennes, qui ont été remises après la guerre et dont la lecture est fort intéressante.

Peut-être trouverait-on avec surprise la *bonne tante* Justine manifester « son indignation contre l'empereur Napoléon III comme ayant engagé *criminellement* la guerre avec l'Allemagne et aussi préparé la dégénérescence des Français par un système de gouvernement déplorable ! »

Il faut avoir vécu à cette époque, subissant les terribles impressions du moment, pour comprendre des élans de patriotisme qui en tous cas ne sont que la confirmation de ce qu'on a dit précédemment des nobles qualités de la sœur de M. Renaud.

Peu d'années avant, celui-ci assistant à Paris, lors de la guerre entre l'Allemagne et l'Autriche, à une manifestation populaire dans laquelle on avait dételé les chevaux de la voiture de Napoléon III pour la traîner en triomphe, M. Renaud, impressionné de cette folie, avait prédit, dans son entourage, que la politique de l'empereur coûterait à la France *la perte de son cher pays la Lorraine;* jusqu'à sa mort cette prédiction si prévoyante troublait M. Renaud; hélas! on en vient de lire la réalisation. Notre cher modèle ne cessait d'en partager toutes les tristesses!

On pourrait inscrire en face des événements ainsi relatés, les naissances successives de ses petits-enfants Renaud — on en retrouvera la liste et les dates à la fin de cette notice, — mais il est bon de mentionner tout l'intérêt qu'apportait, dans la vie recueillie de Mme Renaud, ces heureux événements de famille.

Nous arrivons maintenant à une période exempte de faits aussi notables pour Mme Renaud que ceux analysés ci-dessus.

En 1874, elle vient s'installer dans la propriété de ses enfants Le Picard, à Saint-Paul, pour y résider vingt-sept années, vivant en particuliers contacts avec une famille qui comptait jusqu'à cinq ménages, dans ce séjour rempli de souvenirs précieux pour tous. C'est dans l'habitation reproduite ci-contre que, pendant vingt-six ans, la chère bonne-maman, partageant les joies et les tristesses de tous ses proches, remplira ce rôle de chef de famille avec cette sympathique bienveillance qui a fixé vers elle tous les cœurs.

Elle eut d'ailleurs, en novembre 1875, à prendre, à ce point de vue, la place si noblement remplie par sa tante Th. Le Picard, née Aimée Le Couteulx de Verclives. Avec des qualités différentes, sans doute, M^mo Renaud qui avait connu de si près celle que tous appelaient *leur bonne mère*, recueillit cette succession toute de respects affectueux.

En 1882, le 15 novembre, sa chère petite-fille Marguerite Le Picard contractait mariage avec M. G. Fauquet, industriel, chef des grands établissements Pouyer-Quertier. De ce côté, comme de celui de son fils Georges, Mme Renaud eut à inscrire les naissances successives de la belle couronne de ses petits-enfants, avec lesquels elle exerçait, suivant leur âge, une si tendre et si précieuse sollicitude.

En 1886, elle voyait son fils Georges arriver au poste si flatteur d'inspecteur général adjoint au Ministère de la Marine.

Elle avait, il est vrai, à côté de ces joies, des vides à supporter : son frère, M Vulgis Allard, qui était venu habiter près d'elle, décédait le 1er mai 1883, ses cousins Paul Le Picard, Eugène et Ernest Le Picard en

1881, 1885 et 1897; en mai 1896, sa belle-sœur, Mme Thiébault, pour laquelle on a dit son vif attachement. Enfin, en février 1896, sa petite fille, Claire Renaud, enlevée dans sa vingtième année !

En l'année 1893, Dieu avait réservé à Mme Renaud une vive surprise dans la vocation religieuse de l'aînée de ses petites-filles, Suzanne Renaud, qui entrait au service de Dieu, à Paris, dans l'ordre des *Sœurs de l'Adoration réparatrice*.

L'imprévu de cette résolution, plus encore peut-être que le sacrifice qui en était la conséquence et que sa grande piété lui permettait d'envisager, émotionnèrent vivement Mme Renaud.

Ce qu'il faut vite ajouter, c'est que, de là précisément, il s'est ouvert comme un horizon et une ressource nouvelle pour la pieuse grand-mère. Mme Renaud commença, avec la chère religieuse, une correspondance mensuelle qui fut, pour elle, la révélation d'une intimité entre les âmes s'ajoutant à celle entre les cœurs. Il n'y a pas à soulever ici le voile de ces communications, mais il faut bien dire, cependant, quel calme, quelle sérénité religieuse s'en échappait. Jusqu'à la veille de sa mort, pour ainsi dire, Mme Renaud attendait des lettres dans lesquelles elle se sentait comprise et soutenue par la bonne *sœur Marie-Françoise;* celle-ci conservait, du reste, pour chaque membre de la famille, cette ouverture affectueuse bien connue avant sa vie religieuse.

Quand on cherche à analyser le charme supérieur remarqué dans le commerce familial avec Mme Renaud, il n'est que juste de reconnaître la part d'influence résultant de cette édification, l'une par l'autre, entre la petite religieuse et sa vénérable aïeule. Mme Renaud ne se désintéressait nullement des événements de famille d'une autre nature. Le mariage de son petit-fils, Louis Le Picard, en février 1895, avec Mlle de Colombel, lui donna, dans Saint-Paul, une petite belle-fille à aimer tendrement. La même année, en juillet, Louise Renaud épousait le major Castaing ; à la grande satisfaction de sa grand'mère. Plus récemment, en novembre 1900, c'était son petit-fils Edouard qui, après avoir débuté dans la carrière d'ingénieur des arts et manufactures, en 1898, aux ateliers de Sotteville, avec cohabitation chez sa grand'mère, contractait mariage avec Mlle Jeanne Allard, proche parente de Mme Renaud. Enfin, en juillet 1901, Mme Renaud voyait sa petite-fille Henriette, bien mariée avec M. F. Bergeron, lieutenant d'infanterie.

Les préliminaires de tous ces événements occupaient beaucoup la bonne grand'mère; elle avait la pieuse coutume de réclamer aux Associations des Mères chrétiennes et de Saint-François de Sales, l'utile appui et manifestation de la volonté de Dieu pour conduire à bon port, ou au mieux des intéressés, les projets connus d'elle.

En inscrivant ici le nom vénéré de Saint-François de Sales, il est juste de faire mention de l'attention que portait Mme Renaud aux ouvrages de ce grand saint. Elle y puisait cette douce piété, si large et si caractérisée, dont il avait été l'apôtre. Elle mettait une sorte de trait d'union entre ses leçons et celle de Fénelon, assurément distantes l'une de l'autre, mais toutes deux portant au grand amour de Dieu et à l'exercice de la charité envers le prochain.

En parlant de *charité*, pour l'entendre dans le sens de bienveillance, il faut attribuer, en outre, à Mme Renaud, l'exercice de la *générosité;* celle-ci elle l'exerçait très largement envers les œuvres diverses, spécialement toutes celles qui touchaient à l'éducation chrétienne, elle estimait les *pauvres* pour les secourir de la manière pratique et utile.

Quant aux largesses envers ses enfants, petits-enfants ou parents quelconques, elle y mettait un empressement, une délicatesse toute joyeuse, pour ainsi dire.

Sa plume était prompte à traduire la part prise à n'importe quelle épreuve ou quelle joie. C'était de cette écriture ferme qu'elle précisait toujours sa pensée, sorte d'image de la droiture et de la netteté de son inspiration.

On a dit au début de ces pages quelle chrétienne était Mme Renaud.

Quand elle eut, dans les dernières années de sa

vie, par la restriction de ses forces physiques à faire d'abord le sacrifice de l'assistance à la Sainte Messe dans la semaine, puis ensuite le dimanche, et à restreindre la réception de la sainte Communion, ce soutien des malades, rien ne vint révéler combien ces privations lui coûtaient.

Elle offrait à Dieu, en toute simplicité, ces sacrifices et ses intentions d'y suppléer par de pieux exercices de la vie intérieure.

Elle avait acquis une égalité de caractère et de naturel, à côté de cela, et peut-être par cela même, libre de toute contention et qui n'éteignait pas les saillies spontanées et presque joyeuses de son esprit toujours vif et primesautier.

Tout restait fraîcheur de sentiment dans sa nature morale et en accord avec cette tenue de sa personne où la vieillesse n'avait fait qu'harmoniser les aspects.

Mme Renaud édifiait avec charme, si on peut rapprocher ces deux mots.

Faut-il terminer cette étude en décrivant les grandes souffrances physiques, si vaillamment supportées, qui se développèrent aux derniers jours de sa vie ? N'est-ce pas le souvenir de sa belle physionomie que chacun voudra garder, puisque Dieu l'a préservée de tous les amoindrissements avant-coureurs de la mort.

Elle a cependant mesuré cette dernière épreuve, mais comme elle l'avait dès longtemps envisagée comme la délivrance de son âme et sa réunion avec son Dieu, près de tous ceux qu'elle avait aimés et qui l'avaient devancée, elle s'est trouvée prête à répondre à l'appel d'en haut.

Fortifiée par la réception des sacrements, par l'assistance d'un prêtre qui connaissait les délicatesses de cette belle âme et qui y puisait lui-même les plus suaves consolations de son ministère, on peut dire de Mme Renaud qu'elle s'est endormie, le 10 septembre, dans le Seigneur, entourée de ceux qu'elle avait si constamment édifiés.

Ses enfants, ses petits-enfants et même plusieurs de ses arrière-petits-enfants, resteront frappés de la solennité et cependant aussi de la simplicité des adieux adressés à ceux auxquels elle donnait ou envoyait sa dernière bénédiction, adieux résumés dans ces paroles, prononcées avec douceur et fermeté tout à la fois :

RESTEZ RESPECTUEUX, *soyez* TOUJOURS DE VRAIS CHRÉTIENS !

Mme Renaud résumait ainsi dans ce peu de mots les lignes suivantes trouvées, depuis sa mort, à l'adresse de ses petits-enfants :

« Je recommande à mes petits-enfants bien-aimés de conserver :

« L'amour de Dieu, le respect de leurs parents, vraie source de paix.

« Je leur donne ma bénédiction et leur demande de prier pour moi.

« Z. RENAUD. »

Après l'étude de la vie de notre cher modèle, nous ne saurions passer sous silence les derniers hommages qui lui furent rendus aux heures qui suivirent son appel devant le tribunal des miséricordes et des récompenses.

La triste veillée de son lit de mort mettait en présence d'une douce physionomie idéalisée. On y était comme attiré plutôt que saisi de funèbres impressions. La famille, le clergé, les religieuses de la paroisse, les sœurs garde-malades qui, pendant de longs mois, s'étaient ingéniées à donner un soulagement pour lequel elles recevaient de si doux remerciements, se partagèrent le soin de rendre les derniers devoirs à la chère défunte.

Il y a toute justice à mentionner spécialement ici la personne qui, depuis neuf années, était au service de Mme Renaud, et qui, par son intelligence, son dévouement et l'élévation de ses sentiments religieux, correspondait si complètement à sa bien respectée maîtresse. On ne doit pas oublier non plus les respectueux témoignages des bons serviteurs de la famille.

La cérémonie religieuse du 13 septembre eut, en présence d'une nombreuse assistance, un caractère spécialement pieux et recueilli, dans l'édifice auquel Mme Renaud s'était très généreusement intéressée. De bons parents de Lorraine avaient tenu à témoigner d'un attachement familial dont la réciprocité leur reste assurée.

On constatait la présence de tout le personnel industriel de la filature de Saint-Paul. Mme Renaud avait noté dans ses souvenirs la mise en marche de l'établissement comme un évènement très heureux pour son petit-fils Louis Le Picard.

Se conformant à la recommandation de n'apporter ni fleurs ni couronnes, ce même personnel faisait célébrer, à huit jours de distance, un service religieux solennel et s'y rendait au complet, pendant une heure d'arrêt de son travail : c'est un souvenir qui ne doit pas être laissé en oubli.

Des témoignages non moins touchants se produisirent sous d'autres formes à l'adresse de la famille.

Mme Renaud avait conservé de nombreuses relations de famille, d'amis et même de société. On aimait à lui rendre des visites qui n'avaient rien du caractère quelquefois un peu banal dans les usages du monde. Une personne témoignait à ce sujet *que Mme Renaud, par son affabilité, par son aisance et sa dignité aimable,* représentait, en de tels cas, *la femme du fonctionnaire d'autrefois.* De plus intimes connaissaient sous ces dehors toute l'édification de ses entretiens et exprimaient de vive voix le chagrin d'en être désormais privés.

Les extraits de lettres ci-après transcrits seront la conclusion de ces témoignages :

Je conserverai la mémoire de Mme Renaud comme celle d'une des personnes les meilleures et les plus aimables que j'ai connues. Je comptais les heures passées près d'elle comme un des plus agréables revoirs de l'année.

Quel bon revoir *ce sera là-haut !*　　　　　I. J.

Le memento de Mme Renaud ne quittera plus mon livre de prières quotidiennes. Il me rappellera l'image la plus douce, la plus vénérable, des vertus intimes et du charme familial.　　　　　V. de C.

Votre mère était si aimable dans sa belle et douce vieillesse que son souvenir resté cher à tous ceux qui ont eu le bonheur de l'approcher.　　　　　M. B.

Nous garderons pieusement le souvenir de votre vénérable mère, si bienveillante et toujours si accueillante pour nous aux jours d'autrefois !...

Paris. — *V. G.*

C'est une physionomie qui m'est restée profondément gravée que celle de Mme Renaud. Il y avait en elle une indulgence et une vraie bonté qui ne peut s'oublier.

G. G.

APPENDICE

On a promis, dans les pages qui précèdent, de compléter les souvenirs de la bonne grand' mère par la transcription des notes prises par elle dans ses lectures.

La collection des feuillets, épars dans ses livres préférés, est considérable. Elle se complète par des extraits des instructions entendues dans des retraites annuelles, ou même dans de simples prônes ; il y faudrait ajouter encore des feuillets découpés dans des publications religieuses et autres.

Quand on est en présence de tant de matériaux dont l'intérêt est réel, faire un choix devient une difficulté, alors que la transcription intégrale risquerait de décourager les lecteurs, ou de donner trop d'ampleur à la notice préparée.

C'est donc, un peu au hasard, que la collection ci-après a été faite, et sans classement, sur les sujets auxquels se rapportent les pensées présentées.

Cependant, les lignes qui débutent semblent avoir attiré très utilement l'attention. Elles sont empruntées à un discours prononcé à l'occasion du cinquantenaire d'une pieuse personne retirée du monde, discours gardé par Mme Renaud parmi bien d'autres, et dont certes elle ne se doutait pas qu'un jour on lui appliquerait, avec justesse, beaucoup des pensées émises. Elles résument d'une manière supérieure tout ce que nous avons pu décrire de Mme Renaud.

« Devenir octogénaire, passer de longues années « dans le même endroit, avec les mêmes pensées dans « l'esprit, le même mouvement autour de soi, c'est « une chose assez extraordinaire parmi les hommes, « pour qu'ils aient convenu entre eux de l'appeler un « bonheur !

« Ils ne se trompent pas, la vie, à toutes ses phases, « est un bien... L'écriture, d'ailleurs, veut que la plu- part du temps, longtemps vivre soit bien vivre.

« Le soir de la vie est-il sans charmes ? Joubert di- « sait qu'il apporte avec soi sa lampe. On a des idées « plus approfondies, une piété plus forte. Par surcroît, « comme le voyageur qui arrive au sommet de la col- « line, on aperçoit le ciel de plus près.

« Rien ne ressemble mieux à un bienheureux du « paradis qu'une personne âgée qui a été vertueuse. « C'est une âme en partance, elle détache la chaîne « qui la retient au rivage, elle déploie ses voiles, elle « lève l'ancre ! Quant à nous, apprenons aujourd'hui « du spectacle que nous avons sous les yeux : *à bien* « *veillir*. Faisons comme le laboureur qui sème avant « l'été les grains de l'arrière-saison. A mesure que « nous avançons dans la vie, restreignons notre am-

« bition, cultivons davantage la solitude, apprenons à
« être doux et indulgents, à être bons. »

« *De jeunes sentiments, de vieilles pensées*, voilà la
« sagesse, a dit quelqu'un ; mais écoutons aussi l'es-
« prit chrétien qui réplique : il n'y a que les saints qui
« soient toujours jeunes de cœur, il n'y a que les saints
« qui possèdent à vingt ans le jugement des vieillards.
« *Soyons donc des saints.* »

EXTRAIT DES PENSÉES

NOTÉES PAR Mme RENAUD

Ceux qui espèrent au Seigneur trouvent des forces toujours nouvelles.

Les saints désiraient le ciel, ils l'achetaient par une vie de sacrifice, la correction des défauts, la vigilance, la pratique des vertus, l'amour de Dieu; ils se rendaient agréables à ses yeux.

La foi est comme une semence qui se développe, grandit, si vous la privez de la rosée du ciel et des sucs de la terre, elle dépérit.

(S. Augustin.)

La foi est semblable à une lampe qui brille d'une vive clarté, tant que l'huile ne manque pas.

(S. Ambroise.)

La piété chrétienne est l'amour filial du bon Dieu et l'amour fraternel des hommes.

(Mgr de Ségur).

Heureux ceux qui meurent dans le Seigneur. Pour y mourir, il faut y vivre par la présence de Dieu, par son amour et la patience à supporter les misères de la vie.

Qu'avez-vous que vous n'ayez reçu, et si vous avez tout reçu de quoi vous glorifiez-vous?

(S. Paul).

Nos contrariétés sont nos croix, offrons-les en sacrifice à Dieu ; sur la croix, Il a offert son sacrifice pour nous, offrons-lui le nôtre.

———

Si nous considérons la patience avec laquelle Dieu nous a attendu et pardonné tant de fois, nous voyons celle que nous devons avoir envers le prochain. Dieu promet d'user de la même mesure envers nous.

———

Vous vous plaignez que Dieu n'exauce pas vos prières, comment voulez-vous que Dieu vous écoute quand vous ne vous écoutez pas vous mêmes.

(S. Augustin).

Le Seigneur est bon pour ceux qui espèrent en Lui et qui le cherchent dans la sincérité de leur cœur.

(*Introït* de la messe du Sacré-Cœur).

Le pardon n'est accordé qu'au repentir et aux fermes résolutions.

———

L'humilité est dans la flore spirituelle comme la violette, elle se révèle par son parfum et se cache.

———

L'homme se trompe en se croyant quelque chose. Il n'est rien.

———

Je mets toujours le cap de mon navire sur le bon Dieu, quels que soient les vents qui soufflent, favorables ou contraires, je maintiens ma direction, car en définitive, c'est à ce port que je veux aborder.

(*Vie du général de Sonis*, par Mgr Baunard. PRÉFACE).

Détachez-vous ici-bas de tout ce qu'il faudra quitter un jour, attachez vous à ce qui ne vous quittera jamais.

(INSTRUCTION D'AVENT à Saint-Thomas-d'Aquin).

Le purgatoire, c'est l'infirmerie où le bon Dieu envoie les malades.

(CURÉ D'ARS).

Il faut si peu de choses pour devenir saint, il suffit de faire la volonté de Dieu.

(S. VINCENT DE PAUL).

Travailler pour Dieu, avec Dieu, faire ce que l'on doit faire, le faire bien et pour Dieu.

Dieu s'est abaissé jusqu'aux plus petits, soyons petits et humbles à son exemple.

Quand nous recevons Notre-Seigneur dans la sainte communion, nous devrions graver ses traits dans notre cœur comme son image est empreinte dans le Saint-Suaire.

Soulager est une jouissance intime, la moëlle du cœur d'une femme.

(EUGÉNIE DE GUÉRIN).

Aimez Dieu, l'amour seul donne la force de résister aux tentations ; aimez, vous ne pécherez plus.

(S. PAUL).

La paix d'ici-bas est dans l'acceptation des choses contraires et non dans l'exemption de les souffrir.

(FÉNELON).

Laissez tomber à droite et à gauche comme des feuilles mortes les joies et les peines, pour vous nourrir d'un simple regard de Dieu.

O Jésus, que votre bon plaisir soit mon plaisir, ma passion, mon amour ! Donnez-moi de le chercher, de le trouver, de l'accomplir.

(S. THOMAS D'AQUIN).

Mon bon Maître, ce n'est pas à vous de vouloir ce que je veux, mais à moi de conformer ma volonté à la vôtre.

(S. PIERRE FOURRIER).

Vivez dans le présent et laissez à notre bon Maître le soin de faire l'avenir selon son Cœur.

C'est servir Dieu que de vouloir le servir.
C'est aimer Dieu que de vouloir l'aimer.

(Ste THÉRÈSE).

Celui qui parle sème, celui qui écoute récolte.

(LETTRE DE DUCIS A UN AMI).

La prière et la bénédiction sont l'offrande de la vieillesse.

(PÈRE .....).

La charité n'est pas tardive ; elle bondit dans le cœur qui l'aime et l'entraîne à toutes les bonnes œuvres.

(S. F. DE SALES).

Il est un pélerinage dont l'abord ne coute ni temps, ni argent, ni fatigue, que nul ne surpasse en excellence et auquel Jésus-

Christ nous convoque, c'est le pèlerinage du saint Tabernacle.
            (*Pèlerinage quotidien eucharistique*).

A Dieu donc, encore une fois, mais tout de bon à Dieu, c'est à dire à celui qui est le rendez-vous des amis séparés.
                        (F. OZANAM).

La vie de l'homme sur la terre est un passage, une séparation, une préparation, un acheminement au Ciel.

———

Une place pour chaque chose, et chaque chose à sa place.

———

La foi est une conviction des choses cachées à nos yeux. Elle doit être active, rechercher ce qui l'alimente, fuir ce qui lui nuirait pour être vivante.

———

Je suis là qui frappe à la porte de votre cœur. Qui est celui-là qui frappe ? C'est Jésus-Christ. N'est-il donc pas assez riche, qu'il se présente comme un mendiant ? Si la porte reste fermée, il frappe une seconde fois. Que demande-t-il ? Le pauvre a faim et soif. Il a faim et soif de notre cœur. Ah ! ouvrons-lui, qu'il entre, c'est l'Amour. Il veut notre cœur, rien que notre cœur tout entier.

———

Dieu a laissé trois diamants renfermés dans l'écrin de son humanité : la foi, l'espérance, la charité. La femme a accepté le christianisme parce qu'elle a compris le sacrifice et l'amour ; l'homme est la tête, la femme le cœur ; souvent le cœur conduit la tête.
        (*Retraites des Mères chrétiennes*. DE LA VIE CHRÉTIENNE DE LA FEMME).

De même que les femmes de Judée cachaient leurs enfants pour les dérober à Hérode, les femmes chrétiennes dérobent leurs enfants à l'impiété pour les rendre au monde chrétien.

Le succès est à Dieu, Il ne demande que l'effort.

(Abbé Robert).

Voir Jésus-Christ dans le pauvre, toutes les souffrances de l'humanité résumées dans la passion.

(Mgr Thomas).

La vieillesse est un don, on n'a plus l'agitation de l'âge mûr; c'est le samedi saint de l'âme, le moment où elle se recueille pour essuyer sa sueur ou sa poussière, et attendre le lendemain qui est la résurrection et la gloire du paradis.

(Mme Swetchine).

CONCLUSION

Des souvenirs retracés ci-dessus, des belles citations qu'on vient de lire, il faut chercher le profit.

Tous nous pouvons prendre là d'utiles exemples, de précieuses inspirations, et en poursuivre l'application.

La simplicité, la douceur, la volonté de s'instruire, chez l'enfant que fut Suzanne-Zéphirine ALLARD, frapperont les plus jeunes de ses petits-fils et petites-filles.

D'autres, arrivées ou prêtes d'entrer dans la vie sérieuse, observeront avec quelle égalité de nature leur grand'mère sut accepter les devoirs, les traverses et la mission de dévouement de l'épouse chrétienne et de la mère de famille. Elles pourront imiter son aménité, sa bienveillance dans les relations de famille et de société.

Ses petits-fils tireront profit de la rectitude de direction et de jugement de leur aïeule, de cet oubli d'elle-même pour ne penser qu'aux autres.

Ils auront à cœur de s'inspirer, en même temps, des nobles exemples des hommes de devoir et de labeur dont il est parlé dans la notice, qu'ils s'appellent

Renaud, Brunel ou Ferdinand de Lesseps, tous ont été les fils de leurs œuvres, c'est-à-dire d'une énergique volonté d'être quelqu'un ou quelque chose.

Enfin, ceux qui approchent ou sont arrivés à la vieillesse, apprendront comment, en pensant au terme de la vie, on peut garder la sérénité et s'appliquer, par une douce bonté, à faire le charme des plus jeunes.

Pour toute la descendance de Mme Renaud, ses derniers conseils deviendront comme une devise familiale :

Être respectueux. Rester de vrais chrétiens.

Le respect est dû à Dieu, il l'est aussi à ceux qui doivent être la représentation de son autorité dans la société religieuse de l'Eglise comme dans la société civile de la Patrie.

Mme Renaud avait à ce dernier titre un utile souci, que le mépris trop souvent proféré pour l'individu détenteur des parts de cette autorité, ne sappe par cela même le principe supérieur. Pensons-y avec elle, nous sommes appelés, dans une position quelconque de famille ou de carrière, à exercer l'autorité. Rendons-là la plus respectable possible en même temps que nous l'exercerons avec une bienveillante fermeté.

Le respect, enfin, il le faut pratiquer logiquement, à l'égard de nous-mêmes, préserver l'œuvre du créateur et du rédempteur de toutes les défaillances avilissantes.

Devenons et restons de vrais chrétiens.

par la fermeté des croyances, par le courage de la foi, mais aussi et surtout par l'exercice de la miséricorde. Comme le Samaritain, pansons toutes les blessures, toutes les misères que nous rencontrerons sur le chemin de la vie, avec notre cœur et notre bourse.

En tout ceci, nous répondrons à l'exemple et aux sollicitudes de notre chef de famille vénéré, ayant pour encouragement et force sa bénédiction suprême.

Le Doyen de ses enfants,

J. L. P.

COPIE DU TABLEAU
DE LA DESCENDANCE DE Mme RENAUD

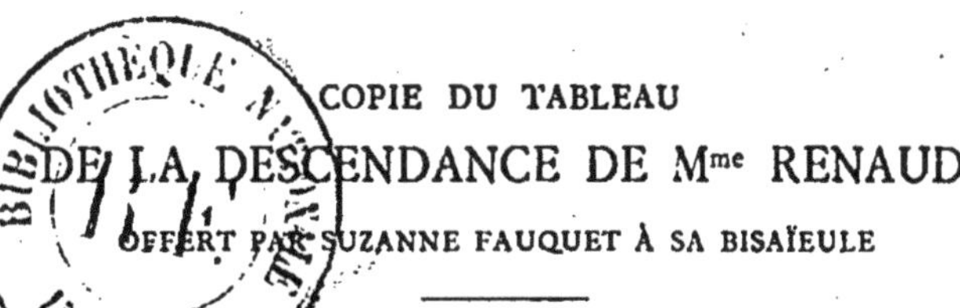

OFFERT PAR SUZANNE FAUQUET À SA BISAÏEULE

MARIAGES.	Enfants, gendre et belle-fille.	NAISSANCES.
29 avril 1867.	GEORGES RENAUD marié à MARIE LEGENTIL	2 décembre 1840. 20 juillet 1848.
3 avril 1867.	AGLAÉ RENAUD mariée à JULES LE PICARD	30 août 1838. 31 mars 1828.

Petits-enfants et leurs alliances.

9 novembre 1882.	MARGUERITE LE PICARD mariée à GEORGES FAUQUET	26 juin 1861. 27 mai 1855.
Religieuse *29 septembre 1893.*	SUZANNE RENAUD (religieuse)	31 janvier 1868.
25 juillet 1895.	LOUISE RENAUD mariée à MAURICE CASTAING	6 juin 1869. 26 janvier 1864.
5 février 1895.	LOUIS LE PICARD marié à LOUISE DE COLOMBEL	3 décembre 1870. 23 mai 1872.
14 novembre 1900.	ÉDOUARD RENAUD marié à JEANNE ALLARD	12 mars 1873. 14 décembre 1879.
22 juillet 1901.	HENRIETTE RENAUD mariée à FRÉDÉRIC BERGEROT	12 avril 1880. 31 décembre 1870.
	AUGUSTE RENAUD	14 août 1882.
	GUSTAVE RENAUD	24 janvier 1886.
	ÉTIENNE RENAUD	6 août 1888.
	BERNARD RENAUD	23 octobre 1890.

Arrière-petits-enfants.

NAISSANCES.		NAISSANCES.	
SUZANNE FAUQUET	14 novembre 1883.	PIERRE FAUQUET	23 mars 1896.
JEAN FAUQUET	2 février 1885.	JEAN CASTAING	12 avril 1896.
MAURICE FAUQUET	7 juillet 1886.	BERNARD CASTAING	20 mars 1898.
RENÉ FAUQUET	28 octobre 1887.	MADELEINE FAUQUET	5 septembre 1898.
HENRI FAUQUET	24 octobre 1889.	MARIE-ANTOINETTE CASTAING	23 août 1900.
HÉLÈNE FAUQUET	25 juin 1891.	MARIE-FRANÇOISE RENAUD	9 septembre 1901.
ALICE FAUQUET	14 février 1893.